만화로 보는
기본소득

만화로 보는 기본소득

2021년 10월 30일 초판 1쇄 인쇄
2021년 11월 5일 초판 1쇄 발행

글·그림   우덕환
감   수   경기연구원
펴 낸 이   김영애
편   집   김배경
디 자 인   엄인향
마 케 팅   윤수미
펴 낸 곳   SniFactory(에스앤아이팩토리)
등   록   2013년 6월 30일 | 제 2013-000136호
주   소   서울 강남구 삼성로 96길6 엘지트윈텔1차 1210호
            http://www.snifactory.com | dahal@dahal.co.kr
전   화   02-517-9385
팩   스   02-517-9386

ISBN 979-11-91656-13-8(03320)
© 우덕환

값 15,000원

다할미디어 는 SniFactory(에스앤아이팩토리)의 출판브랜드입니다.

이 책은 저작권법에 따라 보호받는 저작물이므로 무단전재와 무단복제를
금지하며, 이 책 내용의 전부 또는 일부를 이용하려면 반드시 저작권자와
SniFactory(에스앤아이팩토리)의 서면동의를 받아야 합니다.

기본소득에 대해 우리가 알아야 할 모든 것!

만화로 보는
기본소득

우덕환 글·그림

다흘미디어

프롤로그
시대의 요구,
기본소득

소득불균형과 양극화. 우리 사회가 당면한 최대 난제입니다.

그 원인은 여러 가지가 있지만 장기적인 경기 침체와 고용의 불안정성, 노동시장의 이중구조, 부의 대물림, 자본과 금융의 편중화 등을 들 수 있습니다. 부유한 사람은 상대적으로 더 많은 부를 축적하고 가난한 사람은 계속 가난하며, 계층 간 사다리가 사라져가고 있다는 사실은 우리 삶을 위협하는 불안 요소입니다. 특히 부동산 소유의 불균형은 양극화를 더욱 심화시키는 원인입니다. 또한 4차 산업혁명 시대를 맞아 일자리가 감소할지도 모르는 불안정성은 불균형과 양극화를 더욱 극복하기 힘들게 만들 것입니다.

현재 우리 사회는 선별적 복지제도가 사회안전망 역할을 하고 있습니다. 이 제도는 제한적 수급 대상과 복잡한 행정적 절차로 사각지대가 발생할 뿐 아니라, 근본적으로 공정한 재분배의 경제논리에도 어긋납니다.

그렇다면 이제 '기본소득'을 이야기할 때가 되었습니다. 기본소득이 소득 불균형과 양극화의 완화제 역할을 할 수 있기 때문입니다.

기본소득이란 무엇일까요? 우리가 살아가는 사회의 극단적인 상황에서 생존을 가능케 하는

금액을 나타내며, 보편성, 개별성, 무조건성, 정기성, 현금성을 바탕으로 지급돼야 한다는 것을 원칙으로 하고 있습니다.

기본소득은 절대적 빈곤을 감소시키고, 간소한 행정적 절차로 사각지대를 해소하며 예측 불가능한 미래에 대응할 수 있게 해줍니다. 따라서 선별 복지를 축소 또는 개편하여 누구에게나 일정 수준의 소득을 정기적으로 확보할 수 있게 하는 기본소득의 도입은 매우 긍정적입니다.

하지만 많은 사람들이 기본소득의 재원 마련 방안에 대해 여러 의문과 복잡한 의심을 품고 있습니다. 그에 대한 해답은 '공유부'의 활용입니다. 누구에게도 속하지 않은 공유부를 모든 사람에게 배분하는, 보편적이면서도 실질적인 경제적 자유를 보장하는 것이 바로 기본소득입니다.

이 책은 기본소득에 대해 알고자 하는 독자 여러분들의 시간과 노력을 절약해 주기 위해 만화적 재미를 가미하여 이해하기 쉽도록 구성한 것입니다. 이 책을 통해 '기본소득은 우리 모두에게 큰 도움이 된다'는 긍정적 공감대가 형성되기를 바랍니다.

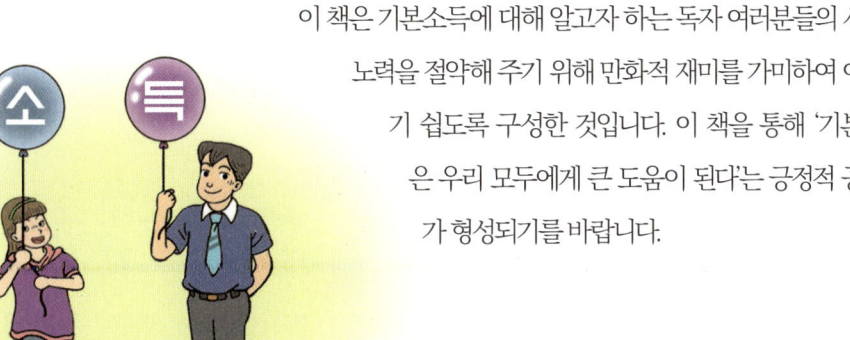

프롤로그
시대의 요구, 기본소득 ································ 4

1 처음 만나는 기본소득 ················· 8

2 먼저 온 미래, 기본소득 ················ 24

3 '모두'가 누리는 경제적 자유 ········· 35

4 "교수형 대신 기본소득을" ············· 45

5 현대 기본소득으로 가는 길 ·········· 51

6 실리콘밸리도 기본소득을 반긴다고? ······ 57

7	기본소득과 노동의욕은 반비례한다?	73
8	사회보장제도가 무너질까?	87
9	힘내라, 2030!	94
10	우리 동네 소상공인이 웃었습니다	105
11	생명의 근본을 지키는 힘	111
12	기본소득, 공동체를 바꾸다	118
13	답이 있는 재원 마련	130
14	기본소득은 기본법부터	141
15	적정 금액은 얼마일까	146

에필로그
기본소득은 개척정신이 필요합니다 150

1. 처음 만나는 기본소득

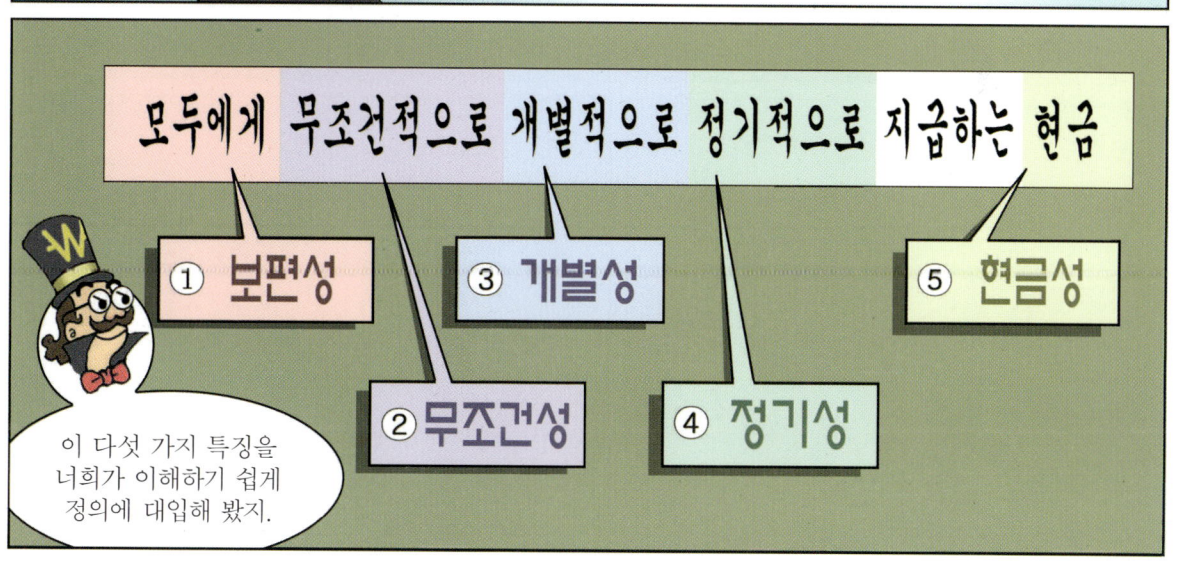

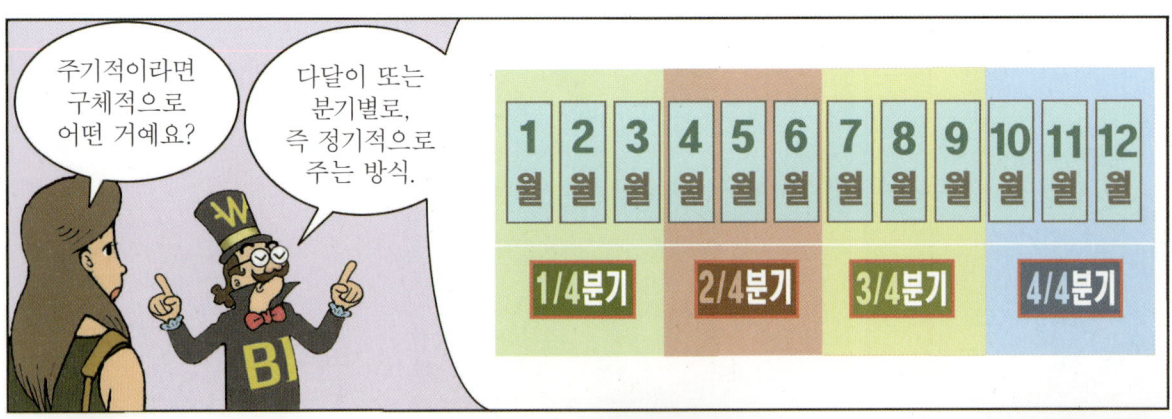

2. 먼저 온 미래, 기본소득

《노동의 종말》 저자이자 미국의 경제학자 제레미 리프킨은 이렇게 경고했단다.

기술의 발전으로 인간 노동의 종말이 오고 있다.

제레미 리프킨(1945~) 경제학자, 문명비평가

자동화가 되더라도 새로운 일자리가 생겨날 수 있잖아요.

프로그래머, 드론 전문가, VR 전문가, 빅데이터 전문가, 유튜브 크리에이터 등 말예요.

그런 특수한 일자리로 대체될 확률이 높겠지.

하지만 그런 직종으로 이직할 수 있는 사람들이 과연 몇 퍼센트나 될까?

얼마 안 될 것 같지, 오빠?

어, 전문 특수 직업이니까.

그럼 대다수는 로봇이 하지 않는 임금이 적고 노동환경도 열악한 일자리를 얻겠구나.

최저임금을 받는 알바나 비정규직 등으로 말이죠.

어, 누나 얘기네!

난 로봇 때문에 짤려서 알바 뛰는 게 아니라 첨부터 셀프 알바였거든!

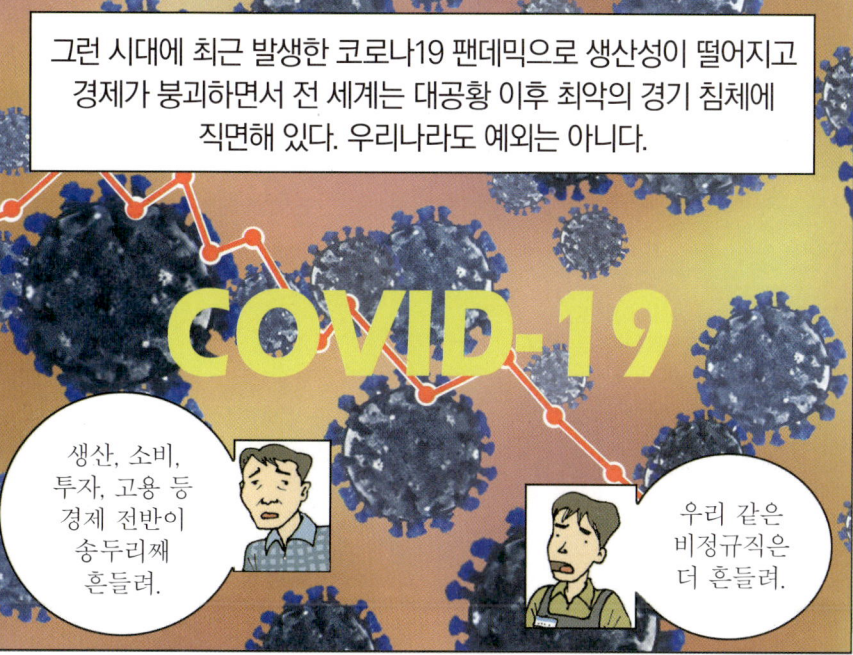

3. '모두'가 누리는 경제적 자유

4. "교수형 대신 기본소득을"

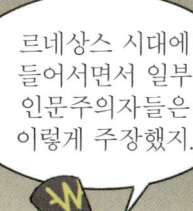

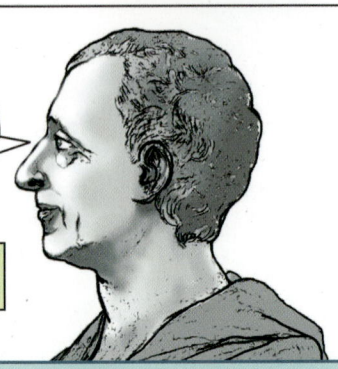

5. 현대 기본소득으로 가는 길

기본소득에 관한 현대적 논의의 첫 번째 주자는 앞에서도 언급한 토머스 페인이란다.

'토지는 신이 준 선물'이라는 관점에서, 토지 사용자에게 사용료를 거두고, 그것으로 기금을 조성해 시민들에게 동등하게 나눠 주자.

저서 《토지의 정의》(1797)

토머스 페인 (1737~1809) 정치 사상가, 작가

이 아저씨, 이번이 몇 번째 출연인지 알아?

고건 내가 똑똑히 알지. 두 번째 출연했을 때 찰칵 사진을 찍었으니까 이번이 세 번째잖아!

오빠는 이 사람이 뭘 주장했는지 다 기억해?

기억하고말고!

첫 번째 출연에서는 이랬고,

토지는 원래 모두의 것이니 거기에서 나오는 이득을 모든 사람에게 배당하자!

두 번째 출연에선 이랬지.

지구는 모든 사람의 것이다. 따라서 땅을 개간한 사람이라도 땅 그 자체에 대한 '자연적 소유권'을 지니는 것은 아니라고 본다. 오직 개간으로 늘어난 부분에 대한 '인공적 소유권'만이 가능하다.

"미국의 경제학자 제임스 미드는 이런 아이디어를 제안했지."

사회배당

"'사회 배당'이 실업과 빈곤 문제에 대한 해법이다."

"최소소득, 기본증여, 국가보너스, 국가배당, 사회 배당! 계속 이렇게 아이디어만 이어지네!"

"흥분하지 마. 그게 다 '기본소득'으로 가는 과정일 테니 말이야."

"1960년대와 1970년대에는 미국과 유럽에서 기본소득을 바라는 사회운동이 벌어졌지."

"베트남 전쟁을 치르고 달에 사람을 보내는 나라라면, 하느님의 자녀가 이 땅에 제 발로 서는 데 필요한 돈도 충분히 내놓을 수 있다. 정부는 '보장된 최소소득'을 도입하라."

마틴 루터 킹(1929~1968) 미국 목사, 흑인해방운동가

"여기서 최소소득 보장이란 기본소득과 유사한 의미야."

"아싸, 아이디어가 운동으로 바뀌었다!"

"나 이분 알아! 킹 목사님! 흑인해방운동을 한 분이야."

1980년대 중반부터 기본소득에 관한 국제적인 네트워크가 필요하다는 공감대가 형성되며 관련 기구가 발족했고, 규모를 확대했다.

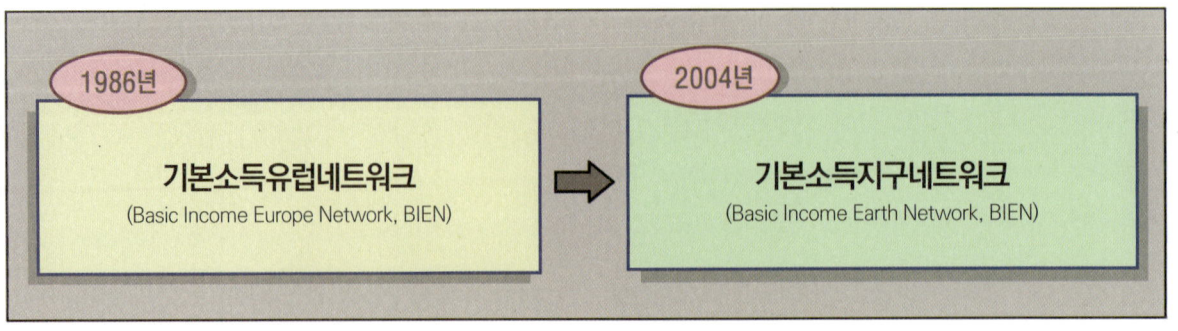

1986년	2004년
기본소득유럽네트워크 (Basic Income Europe Network, BIEN)	기본소득지구네트워크 (Basic Income Earth Network, BIEN)

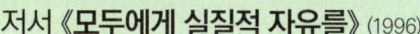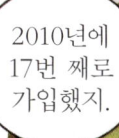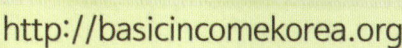

6. 실리콘밸리도 기본소득을 반긴다고?

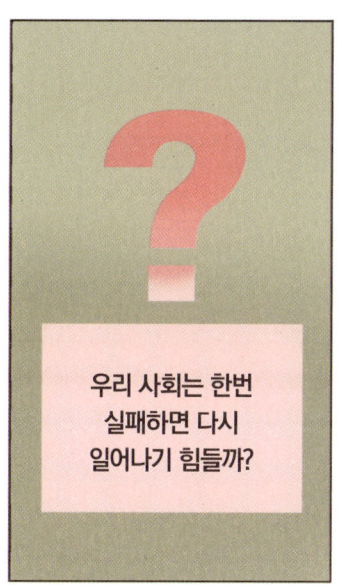

〈소득불균형과 양극화 현상에 대한 대책〉

차별 요소를 해소하기 위한 정부의 적극적 시장개입이 요구된다. 예를 들면 임금 공개를 통한 임금격차 해소라든가 인위적인 조정을 통한 임금격차 축소, 비정규직의 정규직 전환 등이 있을 수 있다.
불공정한 기회편중을 해소하기 위해서는 학연·지연·인맥 위주 관행을 철폐해야 하며, 공개적이고도 개방적인 절차에 따른 기회 취득이 가능하도록 법제도가 뒷받침되어야 한다.
불평등한 부의 세습 문제를 타개하기 위해서는 투명한 상속증여제도의 운용과 철저한 관리감독 등이 강화돼야 할 것이다.

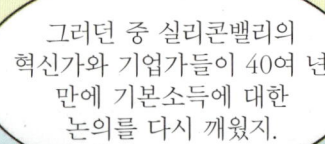  

그러던 중 실리콘밸리의 혁신가와 기업가들이 40여 년 만에 기본소득에 대한 논의를 다시 깨웠지.

논의…

1960 1970 1980 1990 2000 2010 2020

~ing   sleeping   wake-up

미래에는 사람들이 얼마나 다양하고 가치 있는 일에 종사하느냐가 중요한 지표가 될 것이다. 사람들의 삶에 쿠션을 제공하기 위해서 기본소득이 필요하다. 물론 그를 위해 나 같은 사람이 돈을 내야 한다.

그는 또 이렇게도 주장했어.

사람들은 수익이나 생산이 적으면 생존만을 생각하지만, 삶의 여유가 있으면 미래에 대한 자신감을 갖고 투자와 성장의 기회를 찾는다.

 마크 저커버그
페이스북 CEO

그는 기본소득과 같은 사회보장제도의 필요성을 언급해 눈길을 끌었지.

기본소득의 필요성을 강조한 거야.

로봇에 의한 자동화로 일자리를 잃게 될 사람들이 새로운 일에 도전할 수 있으려면 기본소득이 필수이다.

그는 기본소득 도입의 필연성을 강조한 거야.

 일론 머스크
테슬라 CEO

가상화폐를 갖고 장난친다는 그 사람이네.

그의 말 한 마디에 가상화폐 투자자들이 울고 웃었다더라고.

몇 살이야?

40대 초반인데, 암튼 타고난 사업가 같아.

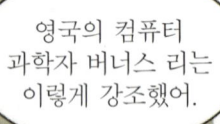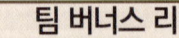

7. 기본소득과 노동의욕은 반비례한다?

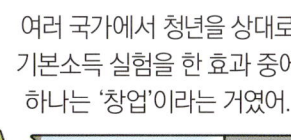

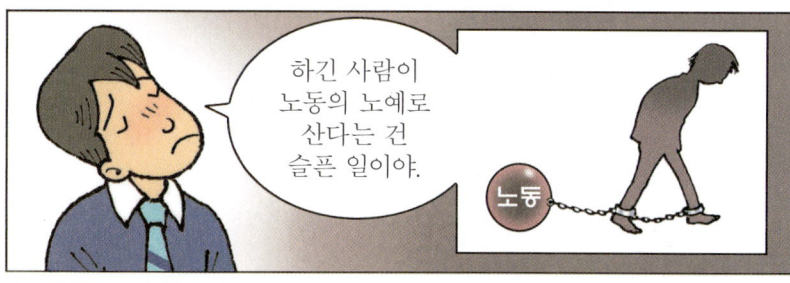

8. 사회보장제도가 무너질까?

선별된 저소득층에게 생계비를 지원해 주는 국민기초생활보장제도! 예를 들면 이런 것들이지.

국민기초생활보장제도
├ 생계급여
├ 의료급여
├ 주거급여
└ 교육급여

〈지원대상〉
수급권자 가구의 소득인정액이 가구별 최저생계비 이하인 경우 또는 부양의무자가 없거나 부양의무자가 있어도 부양 능력이 없거나 또는 부양 받을 수 없는 경우

〈지원내용〉
생계급여 (기준중위소득의 30%)
현금급여기준은 최저생계비에서 현물로 지급되는 의료비, 교육비 및 타법지원액을 차감한 금액으로 소득이 없는 수급자가 받을 수 있는 최고액의 현금급여 수준

의료급여 (기준중위소득의 40%)
수급자에게 질병, 부상, 출산 등의 상황에서 필요한 의료 서비스 부담금 일부 지원

주거급여 (기준중위소득의 45%)
수급자에게 주거안정에 필요한 임차료, 유지수선비 등을 지급하는 것

교육급여 (기준중위소득의 50%)
고등학생의 경우 교과서대, 수업료·입학금, 초·중학생의 경우 부교재비, 중·고등학생 학용품비

* 이 외에도 저소득층 산모에게 출산 전후 지급하는 **해산급여**, 기초생활수급자의 장례비를 지급하는 **장제급여**, 근로 능력이 있는 기초생활수급자가 자기 힘으로 살아갈 수 있도록 관공서 등에서 주는 급료인 **자활급여**가 있다.

근데 공공부조는 엄격하고 까다로운 선별심사가 필수인 제도라는 것!

아, 기본소득은 묻지도 따지지도 않고 무조건 다 지급해 주는데.

공공부조는 아니구나.

독자 여러분, 콜라 낙하 사건의 엔딩이 무지 궁금하셨죠?

다행히 터지진 않았는데 강사님이 아무 생각 없이 뚜껑을 따다 샴페인처럼 푸악! 그래서 얼굴에 좌악! 그래서 8장 첫 번째 컷에 수건으로 얼굴 닦고 있는 모습이 나온 거랍니다.

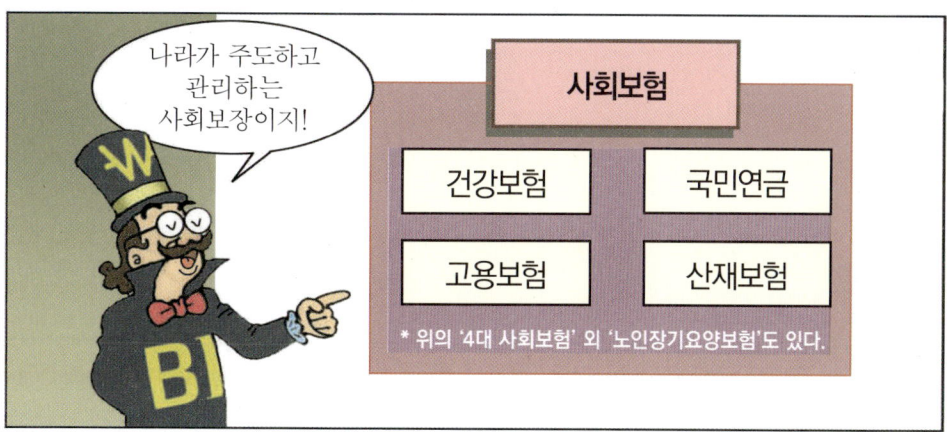

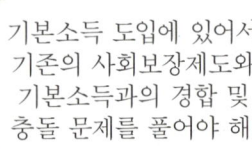

9. 힘내라, 2030!

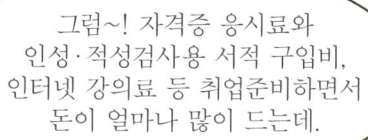

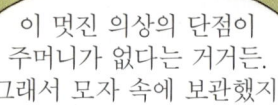

[청년기본소득의 정의]

경기도 도내의 만 24세 청년으로서 3년 이상 주민등록을 두고 계속 거주한 경우 또는 그 요건을 충족하지 못했더라도 합산하여 10년 이상 거주한 경우, 소득 등 자격 조건에 관계없이 누구나 분기별로 25만 원씩, 연간 최대 100만 원을 현금이 아닌 경기지역화폐로 지급하는 사업이다.

10. 우리 동네 소상공인이 웃었습니다

11. 생명의 근본을 지키는 힘

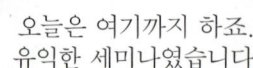

12. 기본소득, 공동체를 바꾸다

알래스카주에 대해 살펴보기 앞서 기본소득 실험을 한 대표적인 나라와 지역에 대해 총정리해 봤지.

4장에서 살펴본 것처럼 고대부터 지금까지 수많은 아이디어와 논쟁, 그리고 실험들이 있었지. 그처럼 기본소득 도입을 결정하기란 쉽지 않은 거라고. 하지만 그러한 논쟁과 실험들은 사회적 합의를 이끌어내는 데 긍정적 효과가 있기 때문에 꼭 거쳐야 할 코스야.

실험 국가 및 지역	실험 시기	실험 방법	실험 효과
미국 (7개 주) / 캐나다 (1개 주)	1960년대 말~1970년대	부(negative)의 소득세* 실험	* 노동유인 효과 - 노동시간의 감소 * 비노동시장 효과 - 삶의 질 개선
나미비아	2008~2009년	60세 이하의 일정 지역 거주자 930명에게 무조건적으로 매월 100나미비아 달러(약 1,100원)를 지급함	* 빈곤이 두드러지게 개선됨 * 주민의 경제활동이 증가함 * 아동의 영양실조가 크게 감소함 * 미취학 아동이 감소함 * 병원 이용이 정기화됨 * 범죄율이 감소함
인도	2011년	특정 지역 모든 거주자에게 1년 동안 매월 무조건적으로 현금 100~150루피 (약 3,000~4,500원)를 지급함	별첨
핀란드	2017~2019년	실업자 2,000명에게 기본소득으로 월 560유로 (약 76만원)를 지급함	삶의 행복감 증가 등 복지에 끼치는 효과는 분명했으나 고용 촉진 효과는 크지 않았음

*부의 소득세: 최저생계비보다 적게 버는 국민에게 그 차액의 일정 부분을 국가보조금으로 메워주는 제도. 일명 '음소득세'.

나미비아 1,100원, 인도는 그냥 3천 원으로 잡고!

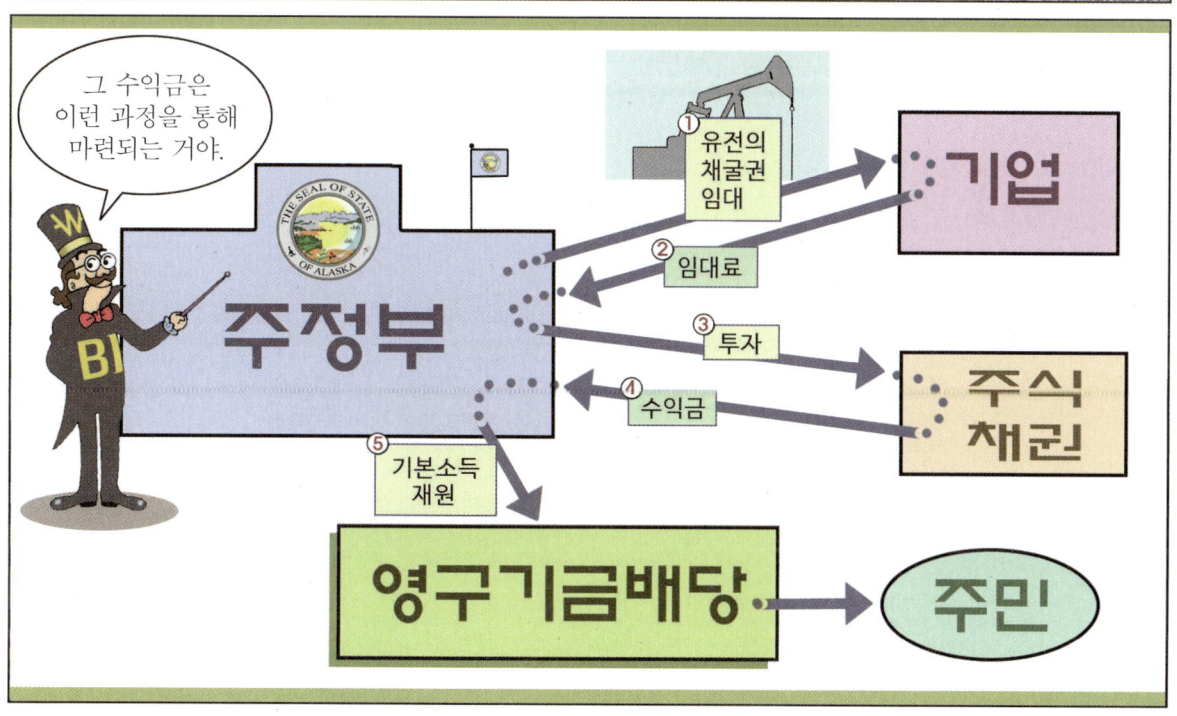

13. 답이 있는 재원 마련

14. 기본소득은 기본법부터

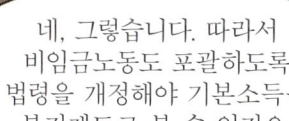

15. 적정 금액은 얼마일까

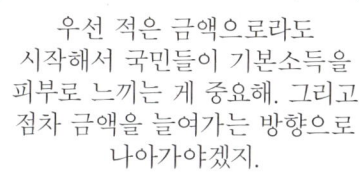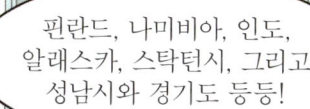

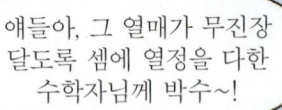

에필로그
기본소득은
개척정신이 필요합니다

풀이 항상 골고루 푸르게 잘 자라는 동산이 있었습니다. 귀여운 토끼들은 그 풀을 먹으며 즐겁게 살고, 사자는 토끼들을 잡아먹으며 살았습니다. 그런데 지독한 가뭄이 닥치고 풀이 다 마르자 굶주린 토끼들이 모두 죽고 사자도 죽고 말았습니다. 풀밭은 토끼와 사자의 든든한 삶의 터전이자 내일의 희망이었던 것입니다. 비유하자면, 풀밭에 물을 주는 유지 비용이 '기본소득'입니다.

우리의 미래는 희망이 있어야 합니다. 희망을 보장하는 출중한 방안 중 하나가 기본소득입니다. 전문가들은 4차 산업혁명 시대의 혁신기술 발달에 따라 일자리가 감소하면서 나타날 사회 문제에 대해 기본소득이 '쿠션' 역할을 할 것이라고 전망합니다. '모두의 것'을 모두에게 배분하는 기본소득은 보편적이면서도 실질적인 경제적 자유를 보장하는 21세기형 성장전략입니다.

전 세계적으로 다양한 기본소득 실험이 이루어지며 관심이 모아지고 있지만, 기본소득을 국가 정책으로 도입한 나라가 아직 없기에 우리나라가 기본소득을 도입하는 것에 우려가 큰 것이 현실입니다. 하지만 기본소득이 유익하다는 확신과 의지가 있다면 막연한 우

려의 터널에서 벗어나 새로운 희망의 길로 들어설 수 있습니다. 기본소득 도입에는 그런 개척정신이 필요할 것입니다.

기본소득 도입은 어떠한 이유나 명분을 구실로 소모적 논쟁을 벌일 사안이 아닙니다. 오로지 결단과 실천 의지, 국민적 공감대만이 도입을 결정지을 수 있습니다. 공감대가 형성되어 법제화가 된 후 다양한 재원 마련 방안을 실현하여 기본소득이 도입되면, 단순히 기본적인 삶을 영위하는 것을 넘어 질 높은 새로운 삶이 가능해집니다. 경제성장도 기대할 수 있습니다. 기본소득으로 국민의 최저생활을 보장하면 소비가 안정적으로 증가해 내수가 진작되고, 경제성장이 촉진되면서 보다 업그레이드된 복지제도를 펴는 등 선순환이 일어나게 되니까요.

이처럼 우리 삶의 터전과 내일을 더욱 푸르고 진취적으로 가꾸는 데 꼭 필요한 기본소득. 하루가 멀다 하고 급변하는 4차 산업혁명 시대에도 유용한 성장전략이자 새로운 경제정의인 기본소득이 조속히 도입되기를 바라며 이 책을 닫습니다.

감수 _ 경기연구원 기본소득연구단

보편적 기본소득 지급으로 분배정의를 실현하고 사회갈등이 해소되기를 희망하는 정책연구 집단이다. 기본소득 실현을 위해 어젠다를 제시하고 활발한 학술활동을 전개하고 있다. 그동안의 연구 성과를 집대성한 『모두의 경제적 자유를 위한 기본소득』, 『답이 있는 기본소득』을 출간했으며, 『만화로 보는 기본소득』을 감수했다.

유영성_ 경기연구원 기본소득연구단장

김태영_ 경기연구원 연구위원

김윤영_ 경기연구원 연구위원

김건호_ 경기연구원 연구위원

정원호_ 경기연구원 초빙선임연구위원

김병조_ 경기연구원 초빙선임연구위원

임수강_ 경기연구원 초빙연구위원

김재신_ 경기연구원 연구원

마주영_ 경기연구원 연구원

유익진_ 경기연구원 연구원